APRENDE A MEDITAR EN 21 DÍAS

Curso para occidentales

Jesús Cediel

Copyright © 2018 by Jesús Cediel Monasterio

ISBN: 9788409047338

All rights reserved.

No portion of this book may be reproduced in any form without written permission from the publisher or author, except as permitted by U.S. copyright law.

Contents

INTRODUCCIÓN	1
MODULO I: PRIMEROS PASOS: QUÉ ES LA MEDITACIÓN	5
BENEFICIOS DE LA MEDITACIÓN	9
POR QUÉ MEDITAR	13
MATERIAL NECESARIO	15
UN POCO DE HISTORIA	19
EL PRINCIPIO DEL RITMO	23
CREANDO UN HÁBITO: LA HORA Y EL LUGAR	27
LA POSTURA	29
MODULO II. LOS PILARES DE LA MEDITACIÓN	31
PRANAYAMA: EL ARTE DE LA RESPIRACIÓN	33

LA RELAJACIÓN	41
SABER CONCENTRAR LA MENTE	47
LA MEDITACIÓN	51
LAS DIFICULTADES	57
CONSEJOS PARA MANTENER LA PRÁCTICA	61
MODULO III. EL PROGRAMA DE 21 DÍAS ANTES DE COMENZAR LOS 21 DÍAS	63
PRIMERA SEMANA	65
SEGUNDA SEMANA	75
TERCERA SEMANA	87
DESPUÉS DEL DÍA 21	99
ACERCA DEL AUTOR	101

INTRODUCCIÓN

Si has comprado este libro es porque sientes curiosidad o quieres incorporar la meditación a tu vida. Para ello, te propongo un plan de 21 días. Un ciclo perfectamente conocido por los estudiosos de los diferentes biorritmos que te será especialmente útil para asentar cambios en tu existencia.

Dentro del plan está incluido material de apoyo audiovisual y grabaciones de meditaciones guiadas para que, en un primer momento, te resulte más fácil conseguir los efectos deseados. Has adquirido un curso de meditación audiovisual.

Primero, te propongo, que leas el libro de corrido y que luego lo vuelvas a leer con más detalle intentando entender todos los pormenores.

La primera parte es teórica y la segunda es práctica. Pero no te preocupes porque no me excederé en vaguedades, solo lo imprescindible, ya que el objetivo es claramente que aprendas a meditar.

En la parte práctica es en donde explico los ejercicios que irás haciendo en el día a día.

Es determinante que no te saltes nada del programa y que sigas todas y cada una de las indicaciones. Está diseñado para generar un cambio de ritmo en tu existencia. Y los ritmos solo se crean mediante un proceso de repeticiones que al final producen un hábito.

Son solo tres semanas pero te propongo que aceptes el compromiso de que si un solo día no meditas, entonces deberás volver a comenzar esa semana desde el principio. No lo tomes como un castigo sino como la forma de establecer una rutina que, si la sigues, dará los mejores resultados en tu vida. Este compromiso debe instaurarse en lo profundo de tu mente, por lo que lo primero que debes hacer antes de empezar con el programa de 21 días será un pequeño ritual en el que representarás ese compromiso contigo mismo. Ya te avisaré cuando llegue el momento.

Debes ser disciplinado para cumplir esta rutina. Tu éxito se fundamenta en su cumplimiento durante estos 21 días. Marca en tu hoja de papel o de excel cada día de progreso y no te engañes a ti mismo, ya que estarías caminando en el sentido contrario al que buscas.

Si tienes alguna duda o encuentras alguna dificultad, puedes hacer la consulta en el espacio asignado para ello, Aprende a meditar en

21 días, en mi web. Te contestaré lo antes posible y así otras personas se beneficiarán de tus preguntas.

Te deseo un buen aprendizaje en las próximas tres semanas

MODULO I: PRIMEROS PASOS: QUÉ ES LA MEDITACIÓN

"El regalo de aprender a meditar es el más grande regalo que te puedes dar en esta vida"

Sogyal Rinpoche

En Occidente la palabra meditación viene del latín *meditatio* que originalmente indicaba un tipo de ejercicio intelectual; mientras que la palabra contemplación se reservaba para un uso más religioso o espiritual.

Ya en el siglo XIX, la Teosofía se refería a la palabra meditación como al conjunto de diversas prácticas de recogimiento interior o contemplación propias del hinduismo, budismo y otras religiones orientales. Hoy en día, la palabra meditación se ha popularizado para describir este tipo de prácticas espirituales orientales. De esta forma, la palabra meditación ha adquirido nuevos significados que la hacen similar a la práctica de contemplación religiosa.

Las técnicas de meditación son tan antiguas como la propia existencia del hombre pero es en pleno siglo XXI y en el corazón de las agitadas urbes modernas cuando adquiere una especial relevancia como medio para encontrar el equilibrio físico, energético y psíco-espiritual.

Aunque existan diferentes tipos de meditación, te daré una breve y concisa definición. La meditación es una práctica de interiorización, que utiliza la mente como medio para obtener un estado elevado de consciencia.

En este libro aprenderás la técnica oriental de meditación, aunque para ello no será necesario que utilices complicadas posiciones yóguicas. Por el contrario, podrás realizar tus meditaciones sentado en una silla o tumbado en una colchoneta o incluso en tu cama. Ya verás que fácil.

El objetivo de este libro es que aprendas a estar en paz contigo mismo y a reconectarte con el Cosmos del que formas parte.

Esto redundará en beneficios de todo tipo en tu vida.

Te sentirás conectado. Tu vida adquirirá significado.

Tu salud mejorará en todos los órdenes.

Tus relaciones sociales mejorarán.

Te sentirás más cómodo contigo mismo.

Todas las facetas de tu existencia se verán afectadas positivamente por la práctica de la meditación.

Y no pienses que va a ser difícil, ya que este curso está especialmente diseñado para occidentales.

Será práctico y concreto, sin perderse en divagaciones filosóficas o místicas.

BENEFICIOS DE LA MEDITACIÓN

"No debes ser llevado por los dictados de la mente, pero la mente debe ser llevada por tus dictados"
Bhaktivedanta Swami

Cuando hablamos de meditación, en seguida nos viene a la mente la imagen de un monje budista en la posición del loto. Y es gracias a ellos que los científicos han podido comprobar los cambios y beneficios que dicha actividad produce en el cerebro.

Para ello, han utilizado modernas técnicas de imagen como la resonancia magnética funcional y la magnetoencefalografía (registra la actividad funcional de distintas zonas del cerebro)

Los sorprendentes resultados obtenidos durante un estudio en la Universidad de Wisconsin (EEUU) con el monje nepalí y biólogo celular Matthieu Ricard hicieron que en el año 2007 fuera denominado por los medios de comunicación como «el hombre más feliz de la Tierra».

En el artículo publicado por la revista Scientific American, Ricard afirma que **a través de la meditación tenemos el poder de cambiar nuestra mente.**

El estudio se llevó a cabo durante casi 15 años en la Universidad de Wisconsin, en colaboración con otras 19 universidades, en más de 100 monasterios budistas. Se compararon imágenes de la actividad cerebral de personas con miles de horas de práctica meditativa, obteniendo ciertas conclusiones. Se determinó que meditar tiene los siguientes efectos:

- Los niveles de ansiedad y depresión disminuyen.

- Se activan algunas zonas del cerebro asociadas a los sentimientos de empatía y amor altruista.

- Se reduce el volumen de la amígdala, la región del cerebro asociada con el proceso del miedo.

- Tiene efectos positivos sobre la telomerasa, la enzima encargada de renovar los segmentos de ADN en los extremos de los cromosomas, y por lo tanto tiene efectos positivos para aumentar extensión de la vida.

Richard Davidson, de la misma universidad, también observó que las personas con tendencia a la depresión tenían una mayor activación de la zona prefrontal derecha del cerebro, mientras que las personas que mejor regulaban sus emociones tenían más activada la izquierda. El experimento mostró que tras varias semanas de meditación, este último empezaba a activarse.

De igual forma, otros estudios revelaron que los meditadores, a largo plazo, poseen una mayor densidad neuronal y sus cerebros se conservan jóvenes durante más tiempo. También se observó que los cerebros de los meditadores presentan mayor rugosidad, un aspecto relacionado con la capacidad para procesar información.

En resumen, se puede observar que todos los beneficios que se derivan de la meditación provienen de que reduce los niveles de estrés.

- Ayuda a relajar la mente.

- Reduce la presión sanguínea.

- Mejora la memoria.

- Mejora la estabilidad emocional.

- Mejora la calidad del sueño.

- Mejora de la salud en general.

- Disminuye la tensión muscular.

- Aumenta la capacidad de concentración.

- Mejora el estado de ánimo.

"Practiquen la meditación. Es algo fundamental. Una vez que se la disfruta, ya no se la puede abandonar, y los beneficios son inmediatos."

-Dalai Lama-

POR QUÉ MEDITAR

"Cuando la meditación es dominada, la mente es inquebrantable como la flama de una vela en un lugar sin viento".

Bhagavad Gita

Existen diferentes motivos por los que emprender un programa de meditación. Esto es algo muy personal.

Pueden motivarte los beneficios que produce en tu salud psicofísica, lo cual es más que suficiente. O puedes incluso estar motivado por una búsqueda espiritual que de alguna razón a tu existencia.

Cualquiera que sea la motivación, estoy seguro que a medio plazo sentirás que tu decisión ha sido acertada y que te reportará beneficios que no han sido enumerados en el apartado anterior.

Quiero dejar claro que meditar no supone que debas convertirte a ninguna religión, credo o filosofía. No tienes que convertirte al budismo. Puedes seguir militando en tu religión tradicional o puedes no creer en nada. La meditación solo es un instrumento de trabajo

que te va a permitir sacar lo mejor de ti, descubrir potencialidades escondidas.

MATERIAL NECESARIO

Si la meditación fuese un deporte, estaríamos hablando de uno de los más baratos. El material que se necesita para su práctica es una silla, un cojín o una colchoneta.

Esterilla o colchoneta de Yoga. Es una colchoneta muy fina.

Si fuese el caso, de que en vez de estar sentado sobre una silla o tumbado sobre una colchoneta, deseases cruzar las piernas en una posición de meditación oriental puedes adquirir alguno de estos útiles.

Zafu. Es un cojín redondo o en forma de media luna de unos 20 cm de altura y unos 35 cm de diámetro que se utiliza para sentarse.

Zabutón. Es un cojín o colchoneta rectangular de unos 76 x 71 cm que se coloca debajo del zafu para hacerlo más confortable.

A nivel personal, y sin querer hacer ningún tipo de publicidad, puedo recomendarte los zafus de Zafu-meditación que los hacen artesanalmente a mano, de una gran calidad y con los precios más baratos del mercado.

También puede ser necesario, si la habitación no tiene la temperatura adecuada, una manta para cubrirte, ya que el cuerpo se enfría al meditar.

Si en el lugar hubiese mucho ruido podrías necesitar tapones para los oídos.

Un temporizador o cronómetro con alarma te permitirá calcular el tiempo sin preocuparte de ello, al menos en tus primeras prácticas.

Existen relojes de alarma para meditar (meditation timers) gratuitos para Android y para Iphone. Pues descárgatelos y programarlos con el tiempo de los ejercicios de cada sesión.

UN POCO DE HISTORIA

Este apartado es para aquellos que deseáis conocer los orígenes de la práctica de la meditación. Si no estás interesado en ello no es necesario que lo leas, ya que su lectura no influirá en el aprendizaje de la técnica.

El origen de la meditación ortodoxa se pierde en la noche de los tiempos.

Existen algunas pinturas rupestres, que tienen más de 30 mil años de edad, en las que podemos reconocer algunas posturas de meditación o de yoga, pero aseverar que la sociedad de cazadores- recolectores meditaba es algo meramente especulativo.

Por otro lado, el hecho de que no existan vestigios de prácticas meditativas anteriores a determinada fecha no significa que no hayan existido. Varias tradiciones religiosas, claman tener sus orígenes mucho antes de las pruebas hoy existentes. De modo que es imposible saber cuándo la meditación pasó a formar parte de un ritual religioso o chamánico.

La prueba física más antigua encontrada que muestra que los seres humanos meditaban es un sello esculpido en piedra, datado en torno al año 2.500 a. de C, encontrado en las excavaciones en Mojenjo Daro, una ciudadela en el valle de Indo, en el actual Pakistán.

La cultura del valle del Indo fue una civilización de la Edad del Bronce que se desarrolló desde el 3300 a. C. hasta el 1300 a. C. a lo largo del valle del Indo, en Afganistán, Pakistán y el noroeste de la India, lugares donde nacieron el Yoga, el Budismo, el Hinduismo, Zoroastrismo, Jainismo y otros sistemas de conocimiento.

Las técnicas de meditación formaban parte de estos principios del Yoga, y esta información era transmitida a unos pocos iniciados por los Rishis hindús, también conocidos como sabios iluminados.

Al principio, esas enseñanzas se transmitían de boca en boca, de maestro a discípulo, muchas veces en forma de cantos o poemas.

Más de 100 mil versos de conocimiento se encuentran en *Los Vedas*.

Alrededor de los siglos VI y V antes de Cristo se desarrollaron otras formas de meditación en el taoísmo chino y en el budismo hindú.

En el Occidente, Filón de Alejandría, en el siglo I escribió sobre unos "ejercicios espirituales" que implicaban atención y concentración, y en el siglo III, Plotino también desarrolló algunas técnicas de meditación.

La ruta del comercio de la seda hizo de correa de transmisión del budismo a otros países orientales. Con el tiempo, la meditación se movería hacia Japón en el siglo VIII, hacia el Medio Oriente y hacia Europa durante la Edad Media.

En el siglo XVIII, el budismo era estudiado por los intelectuales occidentales. Los filósofos Schopenhauer y Voltaire hablaron sobre la meditación y pidieron tolerancia hacia los budistas.

La primera traducción al Inglés del Libro Tibetano de los Muertos se publicó en 1927.

Actualmente, la meditación es tema común en todo el mundo, y, se ha descubierto su beneficio en situaciones de estrés, relajación y salud, así como en una mejora personal general.

EL PRINCIPIO DEL RITMO

"Todo fluye y refluye; todo tiene sus períodos de avance y retroceso, todo asciende y desciende; todo se mueve como un péndulo; la medida de su movimiento hacia la derecha, es la misma que la de su movimiento hacia la izquierda; el ritmo es la compensación."

El Kybalion

Tu vida está influida por los diferentes ritmos o patrones que se han ido asentando en ti, desde el mismo instante de tu nacimiento. Cualquier ritmo biológico, mental o social produce cambios en tu vida.

Una vitalidad sana permite instaurar ritmos o hábitos beneficiosos en tu vida, a la vez que oponerse a ritmos o hábitos que producen efectos perjudiciales en tu vida.

Adquirir el hábito de meditar es instaurar un ciclo rítmico favorable en tu existencia que a medio plazo generará múltiples beneficios.

Para ello debes saber cómo se instaura un ritmo o hábito en tu existencia. **Es mediante la repetición que se establecen los hábitos.**

Es sencillo, pero al principio requiere de un poco de esfuerzo: hay que poner algo de energía en ello. Posteriormente, una vez que se ha instaurado, podrás vivir, en cierta medida, de las rentas, ya que el flujo energético generado por dicho hábito te llevará en volandas y te resultará mucho más fácil.

Así que atención, porque en estas tres semanas lo que vas a hacer es generar un ritmo existencial o hábito que te permitirá incorporar la meditación a tu vida. Al principio requerirá un poco de esfuerzo, luego será fácil.

Es IMPORTANTÍSIMO para crear dicho ritmo que durante todos y cada uno de los días, a la misma hora, a ser posible, practiques las diferentes meditaciones y ejercicios que te voy a proponer.

Posteriormente, una vez que hayas cumplido con el programa de 21 días, podrás dejar de meditar algún día o algún periodo, siempre y cuando esto no te haga perder el ritmo creado. Pero tampoco bajes la guardia en exceso, porque lo mismo que se instaura un hábito en tu vida se puede instaurar el contrario.

Eso sí, mientras estás creando el ritmo, es imprescindible hacerlo todos los días. En caso de que por algún motivo un día no lo hagas, deberás volver a reiniciar la semana desde el principio. Este compromiso es algo que, como ya te he dicho, deberás realizar antes de iniciar el programa. Te propongo que utilices un papel, agenda u hoja de Excel en donde vayas apuntando día a día si cumples o no con tus obligaciones.

Este curso de 21 días está diseñado para crear ese ritmo beneficioso de meditar en tu vida. No pienses que en 21 días te vas a convertir en un experimentado meditador. Lo importante es adquirir el hábito, lo cual ya es un gran avance. El resto vendrá después con la práctica.

Recuerda: la práctica hace al maestro.

CREANDO UN HÁBITO: LA HORA Y EL LUGAR

"Meditar es calmar la mente para que hable el espíritu"

Jesús Cediel

Este universo material en el que vives está fundamentado en coordenadas espacio-temporales.

Por tal motivo, la mejor forma de crear el hábito de meditar, es que decidas hacerlo siempre a la misma hora (tiempo) y en el mismo lugar (espacio).

Hay personas que prefieren hacerlo por la mañana, justo al despertarse. Este es un momento especial ya que estás con un pie todavía en estados de consciencia oníricos, lo que hará de la experiencia meditativa algo muy especial.

Otras personas prefieren hacerlo en cualquier otro momento del día o incluso por la noche antes de dormir. Sea cual sea la hora, es importante que crees el hábito de realizarlo siempre a la misma hora, al menos durante estos 21 días. Para ello, te invito a que reflexiones sobre tus obligaciones y quehaceres diarios y decidas cuál es tu momento ideal para la práctica de la meditación.

El lugar también es importante y conviene hacerlo siempre en el mismo sitio. Hay personas que dedican un lugar exclusivo, especialmente decorado para ello. No es necesario llegar a tales extremos, solo determinar un pequeño lugar en donde colocar una silla o una colchoneta. Lo que sí es importante es que el lugar esté en silencio y a salvo de cualquier posible interrupción.

Debes sentirte cómodo, relajado y seguro.

LA POSTURA

Sin buena postura, no hay buena meditación. El objetivo es buscar que el cuerpo se relaje y esté cómodo. Siéntate de una manera inapropiada y pronto empezarás a sentir molestias en las rodillas, las caderas, la espalda o el cuello. El efecto de estas molestias serán que tu mente se agitará. Y una mente agitada es justo lo que no quieres conseguir cuando meditas.

Tu postura corporal condiciona tu estado respiratorio y, por lo tanto, tu estado mental. Una posición equilibrada te permitirá respirar adecuadamente y tu mente se calmará de manera natural.

Es importante que puedas permanecer meditando durante largos periodos. No se trata de permanecer sufriendo en posiciones acrobáticas. No buscas la foto. Olvida las imágenes que has visto en revistas y películas.

Al mismo tiempo, el cuerpo no debe estar excesivamente cómodo, ya que te podrías dormir. **Estar alerta es uno de los ingre-**

dientes esenciales de toda meditación. Buscas la efectividad. Y la efectividad es calmar tu mente y meditar.

Para tal fin, en Occidente, propongo dos opciones: la primera es sentarse en una silla con la espalda erguida y las manos apoyadas sobre los muslos o cruzadas en el regazo; o la segunda opción de permanecer tumbado sobre una colchoneta. No se trata de dormirte cuando meditas, así que si tiendes a dormirte, la posición de sentado será mejor que la de tumbado, pero cualquier opción es válida y eres tú quien debe hacer la elección.

En resumen, **la posición debe permitirte tener la espalda erguida, estar inmóvil y ser cómoda sin que te duermas.** Debes encontrar el equilibrio entre firmeza y comodidad.

Los ojos estarán cerrados, aunque existen formas de meditación con los ojos abiertos.

Una vez adoptada la postura, el objetivo es permanecer inmóvil. Aunque al principio tenderás a moverte porque te sentirás incómodo o querrás estirar algunas partes de tu cuerpo, debes permanecer inmóvil. Para ello hay que aprender a relajarse.

MODULO II. LOS PILARES DE LA MEDITACIÓN

La práctica de la meditación se fundamenta sobre tres pilares: la respiración, la relajación del cuerpo físico y la capacidad para concentrar la mente en la dirección adecuada.

Cuando se dominan estas tres facetas, y eso siempre se consigue con la práctica constante, observarás que suceden las cosas más increíbles,

"La práctica hace al Maestro"

El viaje tiene tres etapas: relajación, silencio y paz profunda. Y cada una es una consecución de la anterior. La relajación es la paz del cuerpo físico. El silencio es la paz de la mente y de las emociones. Y la paz profunda es algo que deberás experimentar para saber de qué te hablo.

PRANAYAMA: EL ARTE DE LA RESPIRACIÓN

La respiración profunda es una sencilla, pero potente técnica de relajación. Es fácil de aprender, se puede practicar en cualquier lugar y proporciona una manera rápida de mantener los niveles de estrés bajo control.

Nuestros estados anímicos e imaginativos tienen relación con nuestro particular modo de respirar. La persona que respira profundamente siempre tiene más energía psíquica y biológica. El que respira superficialmente es generalmente tímido y asténico.

La correcta respiración es una de las causas determinantes de una buena salud, de un sistema nervioso equilibrado, de un estado emocional sereno y de una mente alerta.

Existe interacción entre nuestra actividad mental y emocional y el proceso respiratorio. Habrás observado que al estar tranquilo, tu respiración se torna más rítmica, suave y pausada; cuando estás tenso, el flujo respiratorio es entrecortado, arrítmico y superficial; y cuando recibes un impacto emocional o tienes un ataque de miedo tiende a paralizarse.

De la misma forma **podemos influir en nuestros estados emocionales dirigiendo a voluntad nuestros ritmos respiratorios.** Si respiras suave e imperceptiblemente, tenderás a calmar tu mente. Si respiras irregularmente, tu mente tenderá a dispersarse.

Las enseñanzas yóguicas transmiten que la respiración es uno de los mejores medios para absorber energía (*prana*) y para dirigirla. La suspensión del proceso respiratorio significa la muerte. Los rishis (sabios védicos) afirman que el *prana* puede ser almacenado y acumulado en el sistema nervioso, más específicamente en el plexo solar. Aún más, aseveran que mediante el uso de determinadas técnicas se puede dirigir a voluntad esta corriente de *prana* mediante el pensamiento. La ciencia yóguica para controlar esta energía se denomina Pranayama (prana: energía, ayama: dominar).

La respiración consciente que enseño a continuación está basada en estas enseñanzas. Existen tres tipos de respiración: abdominal, torácica y clavicular. La RESPIRACIÓN CONSCIENTE es la integración de las tres en una única.

- RESPIRACIÓN ABDOMINAL.

Cuando se inspira se llena de aire la parte baja de los pulmones, desplazando el diafragma hacia abajo y provocando que el vientre salga hacia fuera. Se percibe que el abdomen se hincha.

- RESPIRACIÓN TORÁCICA.

En la respiración costal o torácica el aire penetra en la región del tórax y muy específicamente en la zona de las costillas

- RESPIRACIÓN CLAVICULAR.

Finalmente, la respiración clavicular se efectúa llenando la parte superior de los pulmones, y muy específicamente en las clavículas.

Cada uno de estos tres tipos se concentra en el llenado de aire en una zona distinta de los pulmones, por lo que la respiración consciente, al combinar los tres tipos, consigue el objetivo de llenar completamente los pulmones de aire; y, de igual manera, vaciarlos de forma total.

Cuando se aprende a combinar las tres respiraciones, se practica primero en posición tumbado boca arriba. Luego, se pasa a la práctica en posición sentado. Con el tiempo, esta técnica se vuelve natural y se utiliza como base para casi cualquier tipo de respiración.

EJERCICIO 1: Primero tumbado, aunque en cuanto te sientas cómodo lo puedes hacer sentado. Hay que comenzar por vaciar bien los pulmones con una profunda espiración.

- 1.- Inspira lenta, suave y profundamente sintiendo como el aire se dirige hacia el abdomen, dejando entrar el aire en la zona baja de los pulmones a medida que desciende el diafragma. El vientre no debe hincharse como un balón... debe ser una inspiración relajada pero con control de la cintura abdominal. Cuando la parte baja de los pulmones esté llena de aire, entonces

- 2.- Dilata las costillas, sin forzarlas, permitiendo entrar aún más aire en los pulmones. Hay que notar, con la mano apoyada en las costillas, como se separan éstas. Cuando las costillas estén separadas al máximo, entonces

- 3.- Levanta las clavículas, sin elevar los hombros, para hacer entrar aún un poco más de aire y terminar así de llenar los pulmones por completo. Durante todo el proceso de la inspiración el aire debe entrar progresivamente, sin sacudidas, de manera suave y continuada.

La espiración se efectúa en sentido inverso, siempre con suavidad y lentamente, sin brusquedad ni esfuerzo, vaciando

1. Primero la parte superior de los pulmones (respiración clavicular),

2. Luego el pecho (respiración torácica) que se desinfla y, por fin,

3. El vientre (respiración abdominal) que desciende hasta que sale el último resto de aire.

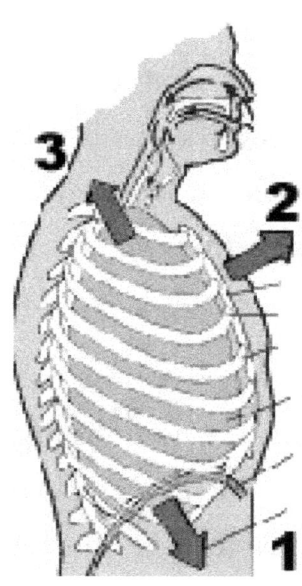

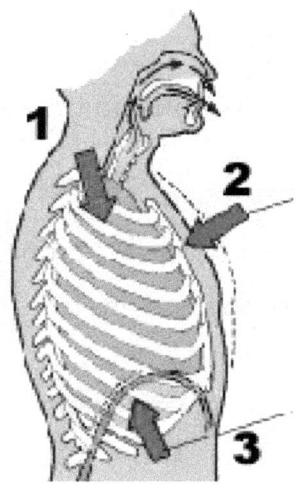

Si por algún motivo, te resultase complicado sincronizar estas tres fases de la respiración consciente, olvida todo lo anterior y céntrate solo en realizar la llamada respiración abdominal, es decir en inspirar llenando tu abdomen. Lo demás vendrá por añadidura. Es imposible hacerlo mal si lo haces así.

Es importante reseñar que no debe hacerse ningún ruido al respirar. Es esencial respirar suave y silenciosamente. Tanto la espiración como la inspiración serán silenciosas, lentas, continuas y cómodas, sin forzar jamás.

Toda la atención consciente ha de estar en el acto respiratorio, de manera que los tres movimientos de la respiración completa resulten claramente discernibles, pero armoniosamente integrados. La respiración consciente no debe provocar ni incomodidad ni fatiga. De hecho, se puede ejercitar tanto como uno quiera, en cualquier momento.

La respiración consciente desempeña un papel importantísimo en la práctica tántrica. En el masaje es determinante, ya que gracias a ella influimos en estados de la mente, al mismo tiempo que incrementamos la cantidad de prana o chi disponible, y lo distribuimos por medio del masaje.

El fundamento de la respiración consciente, la cual ha recibido otras muchas denominaciones diferentes, se fundamenta en el incesante movimiento vibratorio que se observa en el Universo, ya que nada permanece inmóvil. Desde la más pequeña partícula subatómica hasta el Sol, todo vibra y gira. Los átomos del cuerpo humano, también están en un proceso de constante vibración. Las células se renuevan.

El ritmo es esencial en el Universo. Los latidos del corazón, las mareas oceánicas, los planetas girando alrededor del Sol, los soles girando alrededor de otros soles centrales.

En la adecuada comprensión de la ley del ritmo se fundamenta en gran medida la comprensión de la respiración consciente. Mediante la respiración rítmica y consciente, es posible absorber gran cantidad de energía y dirigirla posteriormente con determinados fines.

¿Qué es la respiración rítmica? El control de la respiración rítmica es enseñado a instrumentistas, cantores y atletas, siendo un proceso utilizado desde hace mucho tiempo para elevar la consciencia en estados de trance y permitir que podamos administrar el oxígeno necesario para mejorar la salud.

Todas las enseñanzas relativas al control de la respiración se estudian en el Pranayama Yoga. Los yoguis basan la medida de sus ritmos respiratorios en sus latidos de corazón. El ritmo cardiaco varía según cada persona, por lo que es ideal tomarlo como unidad de medida para efectuar la respiración rítmica. El estudio de la respiración yóguica es toda una ciencia y un arte que requiere estudio y dedicación.

Si quieres practicar la respiración rítmica, debes enfocar tu atención en el ritmo de tus latidos cardiacos, contando 1, 2, 3, 4, 5, 6... hasta que dicho ritmo quede claramente fijado en tu mente. Con la práctica, el proceso se puede realizar sin dificultad.

La regla, en cuanto a la respiración rítmica, es que el número de unidades al inspirar a de ser el mismo que el número de unidades al expirar, mientras que el número de unidades de retención, el llamado *kumbhaka*, debe ser la mitad que las utilizadas para inhalar o exhalar, pero para aprender a meditar no debes preocuparte de la retención del aire. Recuerda la regla: sencillo.

LA RELAJACIÓN

La relajación psicofísica es equivalente a un estado de tranquilidad, paz, calma. Lo contrario a un estado de estrés, agitación y tensión.

La relajación es la base de todo trabajo psicoespiritual, ya que las capacidades internas no pueden utilizarse adecuadamente si existe tensión psíquica, y dada la conexión entre el cuerpo físico y la mente, una relajación detallada y sistemática del cuerpo disminuirá el estrés y, por lo tanto, facilitará el uso adecuado de dichas facultades.

Al principio te costará un poco, pero cada vez que repitas los ejercicios verás que tu capacidad para relajarte va mejorando.

Lo primero que te sugiero es que elijas un lugar y que lo acondiciones para tus ejercicios. Se trata de crear ese ambiente que invite a la desconexión y a la calma.

Puedes utilizar una silla en donde sentarte o una colchoneta en donde tumbarte.

Asegúrate que la ropa es cómoda y que no hay objetos que te aprietan o molestan en alguna parte de tu cuerpo.

La temperatura de la habitación debe ser confortable, nunca fría. La luz tiene que estar apagada, y evitar la entrada de rayos de luz molestos por la ventana, corriendo las cortinas o incluso bajando las persianas. Debes estar tranquilo y en paz contigo y con los demás, por lo que es mejor evitar hacer este ejercicio si acabas de tener una discusión con alguien o estás excitado por algo.

El silencio es deseable para la meditación. También más adelante podrás utilizar mantras en tus meditaciones. Los mantras son sonidos sagrados que sirven para dirigir la mente en una dirección.

Presta tu atención a todo el cuerpo, notando las sensaciones de afuera hacia adentro. Escucha los sonidos y también los olores y sensaciones del espacio alrededor, adentro y afuera de su aposento.

Una vez acostado y con los ojos cerrados, comienza a respirar de manera suave y rítmica, permitiendo que el aire penetre en el abdomen, según la técnica de respiración consciente que has aprendido.

Posteriormente, centrarás tu mente en relajar y soltar las diferentes partes de tu cuerpo, siguiendo siempre un orden establecido hasta conseguir relajar todo tu cuerpo.

Así pues, al mismo tiempo que continúas respirando rítmicamente, comenzarás a enfocar tu atención en las diferentes partes de tu cuerpo, sintiendo que la tensión abandona dichas zonas y se instaura una sensación de relax. Tómate tu tiempo y sin prisas, comenzando por el brazo derecho, y luego, sucesivamente, el izquierdo, la pierna derecha e izquierda.

A continuación, te concentrarás en la espalda, sintiendo que sus músculos se relajan. Los órganos internos, intestinos, estómago, etc. Debes visualizarlos todos ellos, hasta haber terminado con el tronco. Finalmente, es el turno de las diferentes partes de la cabeza.

A estas alturas, debes haber conseguido un cierto grado de relajación, y cada vez que repitas el proceso, ésta será mayor. Disfruta durante unos instantes de esa sensación agradable.

EJERCICIO. Si nunca has realizado una dinámica de relajación psicofísica, te sugiero que escuches la siguiente grabación en el audiolibro, o que la leas con detalle. Lo puedes escuchar varias veces hasta que te familiarices con el procedimiento. Más adelante podrás prescindir de ella para no generar dependencias externas. Cada cosa tiene su valor en cada momento.

MEDITACIÓN SINTONIZACIÓN CÓSMICA

https://youtu.be/KoM76gFbhMs?si=otjYwC2zLuCnGdqw

Encuentra una posición confortable, ya sea sentado o acostado, y cierra los ojos suavemente. Imagina que estás en un lugar tranquilo, donde te sientes seguro y cómodo.

Comienza centrando tu atención en tu respiración. Inhala profundamente por la nariz, sintiendo cómo el aire llena tus pulmones y expande tu abdomen. Exhala lentamente, por la boca, permitiendo que todo el aire salga completamente. Repite este proceso varias veces, prestando atención solo a tu respiración. Siente cómo con cada inhalación entra energía vitalizante, y cómo con cada exhalación, liberas tensión y te sumerges más en un estado de calma.

Ahora, lleva tu atención a tus manos. Siente la tensión en tus dedos y palmas, y permite que se disipe. Imagina que tus manos se vuelven pesadas y se relajan. Luego, permite que esta sensación de relajación suba por tus brazos, recorriendo tus muñecas, antebrazos, codos y finalmente llegue a tus hombros. Siente cómo cada parte de tus brazos se relaja completamente.

Después, dirige tu atención a tus pies. Siente la tensión acumulada en tus dedos y plantas de los pies. Permite que se disuelva, sintiendo una agradable pesadez en tus pies. Luego, deja que esta sensación de relajación suba por tus piernas, recorriendo tus tobillos, pantorrillas, rodillas y muslos. Siente cómo tus piernas se relajan y descansan por completo.

Lleva tu atención a tu espalda. Imagina que cada vértebra de tu columna se relaja una por una, desde la parte baja de la espalda hasta tu cuello. Siente cómo tu espalda se acomoda y se libera de cualquier tensión. Imagina una sensación cálida y relajante que recorre tu columna, brindándote una profunda sensación de alivio.

Ahora concéntrate en tu abdomen. Siente cómo cada inhalación y exhalación relaja tus órganos internos. Imagina que tu abdomen se expande y se contrae suavemente con cada respiración, liberando cualquier tensión. Deja que esta sensación de relajación se extienda a tus órganos internos de la cavidad abdominal.

Sube ahora hacia tu pecho. Siente cómo se relaja con cada respiración profunda. Siente tu corazón latiendo de manera rítmica y poderosa. Siente tus pulmones relajados y realizando su función.

Siente cómo la relajación se extiende a tu cuello, liberando cualquier rigidez acumulada. Luego lleva tu atención a tu cabeza. Siente cómo tu cuero cabelludo se relaja, permitiendo que cualquier tensión se disipe.

Finalmente, relaja tu frente, siente cómo un soplo de brisa fresca te alivia.

Deja que tus cejas caigan naturalmente y que tus párpados se sientan pesados y relajados.

Tus mejillas y labios se relajan.

Relaja tu mandíbula, dejando un pequeño espacio entre tus dientes y permitiendo que la tensión se disipe completamente.

Permanece en este estado de relajación por unos momentos, disfrutando de la sensación de paz y tranquilidad. Si algún pensamiento intruso aparece, reconócelo sin juzgar y déjalo ir, volviendo tu atención a la sensación de relajación en tu cuerpo y a tu respiración.

Disfruta de un tiempo en este agradable estado. Cuando te sientas listo para terminar, comienza a mover lentamente los dedos de tus manos y pies. Abre los ojos suavemente y estírate un poco. Tómate tu tiempo para reincorporarte a tus actividades diarias, llevando contigo la calma y la paz que has cultivado en este ejercicio.

Dedica unos minutos al día a esta práctica y notarás un cambio significativo en tu bienestar general.

SABER CONCENTRAR LA MENTE

La mente es la llave que permite alcanzar elevados estados meditativos. Para poder obtener un estado elevado de consciencia, es imprescindible saber concentrar la mente, ser el dueño de tu atención.

Los antiguos Yoga Sūtras de Patañjali describen la mente humana como un océano cambiante. Las olas, las corrientes y hasta las tormentas que se forman en él definen nuestra experiencia de la realidad. El sabio Vyāsa identificó con precisión cinco estados fundamentales de ese océano interior. Comprenderlos es el primer paso para reconocer dónde estás, y hacia dónde puedes evolucionar.

- Kshipta.- Mente alterada o perturbada. Es la mente tomada por la turbulencia: emociones desbordadas, pensamientos contradictorios, impulsos que tiran en todas direcciones. En Kshipta la mente se asemeja a un caballo desbocado, reaccionando sin control ante cada estímulo. Es el estado de estrés continuo, de la hiperconexión, del ruido interno que no deja escuchar nada más. En él no hay calma ni dirección, solo la urgencia de sobrevivir al momento.

- Mudha.- Mente embotada. Aquí la energía mental se vuelve densa, pesada. No hay claridad, no hay interés, la motivación desaparece. Mūdha es el terreno de la apatía, la pereza y la confusión. La mente se queda dormida en vida. Este estado amenaza con convertirse en hábito cuando dejamos de cuestionar, de crecer, de buscar. Es el letargo que nos aleja de nuestra naturaleza expansiva.

- Vikshipta.- Mente distraída. Este es el estado donde la mayoría de los seres humanos permanece casi toda su vida. La mente tiene momentos de claridad, sí, pero dura poco: pronto vuelve a saltar de un pensamiento a otro, como un mono inquieto que nunca se queda quieto. Hay intención, pero no constancia. Hay sabiduría, pero también olvido. En Vikshipta acumulamos conocimientos, metas y sueños… sin terminar de realizarlos.

- Ekagra.- Mente dirigida o enfocada en un solo punto. Cuando la mente aprende a mantenerse firme en un objetivo, surge Ekāgra. Es la concentración verdadera, profunda. Aquí el pensamiento es como un rayo láser que atraviesa cualquier obstáculo. Los grandes descubrimientos, los estados creativos de alto rendimiento y las meditaciones más profundas nacen en este punto. Ekāgra es el preludio del poder interior: cuando lo que deseas y lo que haces se alinean perfectamente.

- Nirodhah.- Mente controlada o "estado de no mente". Es el culmen del camino yóguico. El flujo incesante de pensamientos se detiene por completo. Solo queda consciencia pura, presencia absoluta. Es un estado de libertad sorprendente donde el ego deja de interferir, donde la percepción y la realidad se funden en un mismo silencio. Nirodhah no es ausencia... es plenitud. Es la mente al servicio del Ser, no al revés.

Para la mayoría de la gente, la mente está generalmente en uno de los primeros tres estados (perturbada, embotada, distraída).

De los cinco estados de la mente, los últimos dos (mente dirigida y mente controlada) son los que se requieren para la práctica de la meditación.

El estado de Ekagra en el que la mente está concentrada en una sola dirección es el requerido para iniciar la práctica de la meditación. Concentrar tu mente en algo significa prestar toda tu atención sin fisuras en ese algo.

La mente se estabiliza gradualmente en este cuarto estado, el estado de máxima atención en un solo punto. Este es el estado de ánimo que te prepara para alcanzar el quinto estado, Nirodhah o Mahamudra, el estado de no mente, en el que hay pleno dominio de la mente y se trasciende.

Es muy difícil explicar lo que significa el estado de no mente, por medio de palabras. **La verdadera comprensión, sólo se produce a través de la experiencia directa, a través de las prácticas de meditación.** Así que todo a su tiempo.

Puede que todo esto te suene un poco a cantos de sirena. No te preocupes, lo importante será la práctica que vas a realizar.

LA MEDITACIÓN

La mente Ekagra se enfoca o concentra en una sola cosa, en un solo sentido.

Yoga Sutra 1.32

La práctica de la meditación se basa en alcanzar un estado de consciencia en el que te conviertes en observador imparcial de todo lo que acontece en tu mundo interior y exterior: sensaciones corporales, pensamientos y emociones.

Se trata de percibir lo que está sucediendo y de permitir cualquier experiencia sin juicio, resistencia o esfuerzo.

Para conseguir esto es necesario que seas dueño de tu atención, de manera que no te dejes arrastrar por pensamientos que divaguen hacia el pasado o hacia el futuro. En una palabra, debes permanecer en el aquí y en el ahora: en el presente.

Para sentir y experimentar ese estado de paz, armonía, y bienestar es absolutamente necesario estar consciente sólo del momento presente.

Y para conseguir focalizar tu mente en el momento presente, la llave es la respiración. Debes enfocar tu atención en la propia respiración sin intentar controlarla, en la sensación del aire entrando y saliendo. Debes centrarte solo en tu ritmo respiratorio. Pueden surgir diferentes tipos de pensamiento, no debes intentar bloquearlos, sino simplemente no seguirlos, no permitir que te arrastren, no permitir que te roben la atención.

Con el tiempo el practicante consigue concentrarse en la respiración y obviar el resto de pensamientos, de manera que logra obtener sensaciones de calma, tranquilidad y placidez.

Dicho así, parece fácil, pero llevarlo a la práctica tiene sus inconvenientes. Eso sí, debo decirte que a través de la práctica se llega a domesticar ese caballo salvaje y desbocado que es la mente. Eso es la meditación.

Con frecuencia nuestra mente está divagando hacia el exterior, el pasado o el futuro, creando pensamientos innecesarios de preocupación e intranquilidad.

El estado de ser un observador imparcial de ti mismo y de tus procesos te permite tener más control sobre tus pensamientos y emociones y permanecer más desapegado de las influencias del mundo exterior.

Los efectos prácticos de la meditación en la vida diaria significan que puedes entrar en ese estado de consciencia dondequiera que te encuentres, ya estés en una reunión de negocios, en un viaje de placer, en una conversación, o haciendo el amor.

La verdadera práctica de la meditación comienza cuando la mente ha conseguido este tipo de habilidad.

Cuando la mente es capaz de enfocar su atención en una sola dirección, las otras actividades internas o externas dejan de ser una distracción.

La persona que es dueña de su atención, es capaz de proseguir con aquello que la ocupa, sin que otros estímulos la inquieten o afecten. Es importante señalar que esto tiene una connotación positiva, no se trata de dejar de prestar atención a otras personas o a prioridades internas, lo cual sería negativo. La mente concentrada en una sola cosa está totalmente presente en el aquí y ahora, y tiene la capacidad de dirigir su atención voluntariamente a personas, pensamientos y emociones.

Cuando diriges tu atención a voluntad estás en condiciones de realizar las prácticas de concentración y meditación que conducen a lo que los orientales llaman *samadhi* o estado de iluminación, que no es otra cosa que un estado de claridad mental desconocido para la mayoría de los seres humanos.

EJERCICIO 1.-TÉCNICA PARA ESTAR EN EL PRESENTE

Te sientas en una silla con la espalda erguida o te tumbas sobre una colchoneta boca arriba. Cierras los ojos y relajas tu cuerpo.

Haz varias respiraciones profundas, llenando bien los pulmones y vaciando bien el aire, sin forzar. Visualiza cómo al inspirar te llenas de energía vital y cómo al expulsar el aire sueltas todos tus problemas y negatividad.

Vas a establecer un ritmo respiratorio y para eso te vas a valer de los latidos de tu corazón. Cuentas, por ejemplo, 6 latidos de corazón para inspirar y 6 latidos para expirar. El número de latidos lo debes adecuar a tus posibilidades, lo importante es que cuentes el mismo número de latidos para inspirar que para expirar. Que sea cómodo.

Después, deja que la respiración se vuelva natural y focaliza tu entera atención en ella. Solo la observas de manera imparcial. No haces nada, salvo observar.

Observa como entra el aire, como sube el diafragma, como sale el aire, como se vacían los pulmones.

No pienses en nada, no reflexiones en nada, no recuerdas imágenes del pasado. Solo observas focalizando tu atención en la respiración.

De esta forma estas en el presente, en tu respiración. No obstante, tu mente intentará llevarte a otros lugares. Intentará que pienses en cosas. Cada vez que esto suceda y te des cuenta de que tu atención ha sido cautivada por un pensamiento, vuelve a comenzar el proceso de observar muy atentamente tu respiración.

Debes tener en cuenta que no eres tu mente, ni tus pensamientos o emociones, por lo que si no te identificas con ellos aparecerá quien realmente eres. Pero esto es algo que deberás aprender y experimentar por ti mismo con la práctica.

TÉCNICA DE MEDITACIÓN

Percibe lo que está surgiendo en tu mente (pensamientos, sentimientos, sonidos o emociones) sin juzgar. Solo observa imparcialmente.

Permite cualquier sensación sin juicio, resistencia o esfuerzo. Lo esencial de la meditación es darse cuenta de lo que está sucediendo, consciencia lúcida y completa.

LAS DIFICULTADES

"Los obstáculos son: enfermedad, inercia mental, duda, abandonar la práctica, pereza, falta de desapasionamiento, percepción errónea, incapacidad para lograr la concentración, imposibilidad de mantener la actitud meditativa una vez alcanzada."

Yoga sutras de Patanjali 1:30

PARA LA CONSECUCIÓN DE cualquier objetivo existen dificultades. Al comenzar a meditar te sorprenderá lo activa, dispersa y descontrolada que está tu mente. No te preocupes. Simplemente, te has hecho consciente de algo que le sucede a la gran mayoría de las personas. Es el punto de partida sobre el que edificar el edificio.

No hay necesidad de deshacerse de los pensamientos, ese no es el propósito de la meditación, aunque en estados avanzados el pensamiento llega a desaparecer.

Más bien, estás aprendiendo a reconocer cuándo los pensamientos suceden y a no identificarte con tus emociones y pensamientos, a no creer que tú eres ni tus pensamientos, ni tus emociones, ni tu cuerpo físico.

Igual que una masa de agua agitada por el oleaje, después de un tiempo de estar quieto físicamente, tu mente se calmará gradualmente. Por eso, al principio de una meditación es útil relajarse y respirar rítmicamente.

Aquí tienes los cinco obstáculos clásicos de los textos budistas:

- Deseo: querer más, o algo diferente de lo que estás haciendo en el momento presente.

- Emociones de aversión: miedo, enojo.

- Inquietud: energía acelerada, agitación.

- Somnolencia.

- Duda: pensar que no va a funcionar

Además de la agitación mental y los desafíos emocionales, es inevitable experimentar cierta cantidad de sensaciones físicas desagradables. Si no estás acostumbrado a la postura de meditación, podría ser incómodo simplemente el estar sentado inmóvil durante cierto tiempo. Además, el estado de alerta generado en la meditación te hace ser más consciente de tensiones físicas que antes ignorabas.

Si el malestar físico se intensifica, dirige tu atención hacia otra cosa por un rato. También puedes cambiar tu postura conscientemente. No tienes que abandonar la práctica, sino descubrir qué es lo que te permite encontrar el equilibrio.

Tienes que ser consciente que te llevará tiempo y trabajo el incorporar la meditación a tu quehacer diario, pero no seas menos consciente de que todos estos obstáculos los superarás con paciencia y constancia.

CONSEJOS PARA MANTENER LA PRÁCTICA

Aquí hay algunos consejos para mantener la práctica de la meditación:

- Practicar todos los días, aunque sea por un periodo corto. Aunque las circunstancias sean adversas, dedica este tiempo a buscar la paz. ¡Es un regalo para tu alma!

- Cuando tengas un pequeño momento, haz una pausa en tu actividad diaria. Pónte en contacto con tu cuerpo y tu respiración, sintiendo la vida en ti.

- Puedes practicar regularmente en un grupo o con un amigo. Es una forma de vencer la pereza.

- Utiliza herramientas inspiradoras como libros o grabaciones.

- Haz un retiro de un día, un fin de semana o más largo. Esa experiencia profundizará tu práctica.

- Si pierdes la práctica por un día, una semana o un mes, simplemente comienza de nuevo.

- No juzgues tu práctica, acepta lo que haces y ten confianza en el resultado final.

- Vive la vida con intensidad y veneración.

MODULO III. EL PROGRAMA DE 21 DÍAS

ANTES DE COMENZAR LOS 21 DÍAS

Llega el momento, la acción. El momento de pasar de las palabras a las obras.

Recordarás que te hablé de un compromiso que debes realizar contigo mismo antes de comenzar. Este es el pequeño ritual que te sugiero.

Debes ir al lugar en donde hayas elegido para meditar. Te sentarás en una silla (puede ser en el suelo si lo deseas) delante de una mesa en donde colocarás una vela situada verticalmente en un plato, y al lado una caja de cerillas.

En la posición de sentado realizarás 3 respiraciones profundas.

Acto seguido, encenderás la vela, de manera lenta. Mirando a la vela recitas las siguientes palabras u otras de significado parecido.

Para ello puedes escribirlas en un papel y leerlas. Debes sentir el significado profundo de lo que dices.

Enciendo esta vela que representa a mi ser interior.

Ante él DECLARO mi firme intención de realizar el programa de 21 días de meditación.

Prometo realizarlo todos los días.

Si un día no lo realizo, me comprometo a iniciar la semana de nuevo.

En este acto, prometo, ante mí mismo/a dedicar en estos 21 días toda mi energía a mejorarme y a que aumente la luz y la paz dentro de mí.

Que así sea.

PRIMERA SEMANA

Comienzas tu cambio. Elige un día para comenzar. Los lunes pueden ser un buen inicio. Ya tienes preparados todos los pormenores: la hora y el lugar.

1º DÍA

Hoy vas a realizar el siguiente ejercicio para ir tomando consciencia de tu respiración. Lo harás durante 4 minutos.

EJERCICIO 1: RESPIRACIONES CONSCIENTES

Primero tumbado, aunque en cuanto te sientas cómodo lo puedes hacer sentado. Hay que comenzar por vaciar bien los pulmones con una profunda espiración.

- 1.- Inspira lenta, suave y profundamente sintiendo como el aire se dirige hacia el abdomen, dejando entrar el aire en la zona baja de los pulmones a medida que desciende el diafragma. El vientre no debe hincharse como un balón... debe ser una inspiración relajada pero con control de la cintura abdominal. Cuando la parte baja de los pulmones esté llena de aire, entonces

- 2.- Dilata las costillas, sin forzarlas, permitiendo entrar aún más aire en los pulmones. Hay que notar, con la mano apoyada en las costillas, como se separan éstas. Cuando las costillas estén separadas al máximo, entonces

- 3.- Levanta las clavículas, sin elevar los hombros, para hacer entrar aún un poco más de aire y terminar así de llenar los pulmones por completo. Durante todo el proceso de la inspiración el aire debe entrar progresivamente, sin sacudidas, de manera suave y continuada.

La espiración se efectúa en sentido inverso, siempre con suavidad y lentamente, sin brusquedad ni esfuerzo, vaciando:

1. primero la parte superior de los pulmones (respiración clavicular),

2. luego el pecho (respiración torácica) que se desinfla y, por fin,

3. el vientre (respiración abdominal) que desciende hasta que sale el último resto de aire.

Si por algún motivo, te resultase complicado sincronizar estas tres fases de la respiración consciente, olvida todo lo anterior y céntrate solo en realizar la llamada respiración abdominal, es decir en inspirar llenando tu abdomen. Lo demás vendrá por añadidura. Es imposible hacerlo mal si lo haces así.

2º DÍA

Este segundo día te vas a zambullir directamente en tu mundo interior. Para ello te tengo preparada esta meditación guiada. En ella vas a familiarizarte sobre todo con el método de relajación que deberás realizar. No tengas expectativas. ¡Zambúllete!

Solo tienes que dejarte llevar durante aproximadamente unos 30 minutos.

MEDITACIÓN GUIADA https://youtu.be/KoM76gFbhMs

3º DÍA

Hoy vas a adoptar un rol más activo en el proceso de tu aprendizaje. Vas a realizar el siguiente ejercicio.

EJERCICIO 2.-TECNICA PARA ESTAR EN EL PRESENTE. TIEMPO: 5 minutos.

Te sientas en una silla con la espalda erguida o te tumbas sobre una colchoneta boca arriba. Cierras los ojos y relajas tu cuerpo.

Haz varias respiraciones profundas, llenando bien los pulmones y vaciando bien el aire, sin forzar. Visualiza cómo al inspirar te llenas de energía vital y cómo al expulsar el aire sueltas todos tus problemas y negatividad.

Vas a establecer un ritmo respiratorio y para eso te vas a valer de los latidos de tu corazón. Cuentas, por ejemplo, 6 latidos de corazón para inspirar y 6 latidos para expirar. El número de latidos lo debes adecuar a tus posibilidades, lo importante es que cuentes el mismo número de latidos para inspirar que para expirar. Que sea cómodo.

Después, deja que la respiración se vuelva natural y focaliza tu entera atención en ella. Solo la observas de manera imparcial. No haces nada, salvo observar.

Observa cómo entra el aire, cómo sube el diafragma, cómo sale el aire, cómo se vacían los pulmones.

No pienses en nada, no reflexiones en nada, no recuerdas imágenes del pasado. Solo observas focalizando tu atención en la respiración.

De esta forma estas en el presente, en tu respiración. No obstante, tu mente intentará llevarte a otros lugares. Intentará que pienses en cosas. Cada vez que esto suceda y te des cuenta de que tu atención ha sido cautivada por un pensamiento, vuelve a comenzar el proceso de observar muy atentamente tu respiración.

Debes tener en cuenta que no eres tu mente, ni tus pensamientos o emociones, por lo que si no te identificas con ellos aparecerá quien realmente eres. Pero esto es algo que deberás aprender y experimentar por ti mismo con la práctica.

4º DÍA

Hoy volverás a repetir la experiencia de antes de ayer. Escucharás la meditación guiada. Aunque parezca que no estás aprendiendo nada, tu subconsciente está tomando buena nota de tus movimientos.

5º DÍA

EJERCICIO 2.-TÉCNICA PARA ESTAR EN EL PRESENTE. TIEMPO: 6 minutos.

Vas a volver a realizar el ejercicio de las respiraciones. Esta vez 6 minutos.

Te sientas en una silla con la espalda erguida o te tumbas sobre una colchoneta boca arriba. Cierras los ojos y relajas tu cuerpo.

Haz varias respiraciones profundas, llenando bien los pulmones y vaciando bien el aire, sin forzar. Visualiza cómo al inspirar te llenas de energía vital y cómo al expulsar el aire sueltas todos tus problemas y negatividad.

Vas a establecer un ritmo respiratorio y para eso te vas a valer de los latidos de tu corazón. Cuentas, por ejemplo, 6 latidos de corazón para inspirar y 6 latidos para expirar. El número de latidos lo debes adecuar a tus posibilidades, lo importante es que cuentes el mismo número de latidos para inspirar que para expirar. Que sea cómodo.

Después, deja que la respiración se vuelva natural y focaliza tu entera atención en ella. Solo la observas de manera imparcial. No haces nada, salvo observar.

Deja que la respiración se vuelva natural y focaliza tu entera atención en ella. Solo la observas de manera imparcial. No haces nada, salvo observar.

Observa cómo entra el aire, cómo sube el diafragma, cómo sale el aire, cómo se vacían los pulmones.

No pienses en nada, no reflexiones en nada, no recuerdas imágenes del pasado. Solo observas focalizando tu atención en la respiración.

De esta forma, estás en el presente, en tu respiración. No obstante, tu mente intentará llevarte a otros lugares. Intentará que pienses en cosas. Cada vez que esto suceda y te des cuenta de que tu atención ha sido cautivada por un pensamiento, vuelve a comenzar el proceso de observar muy atentamente tu respiración.

Debes tener en cuenta que no eres tu mente, ni tus pensamientos o emociones, por lo que si no te identificas con ellos aparecerá quien realmente eres. Pero esto es algo que deberás aprender y experimentar por ti mismo con la práctica.

6º DÍA

EJERCICIO 2.-TÉCNICA PARA ESTAR EN EL PRESENTE.

TIEMPO: 7 minutos.

Vas a volver a realizar el ejercicio de las respiraciones. Esta vez 7 minutos.

Te sientas en una silla con la espalda erguida o te tumbas sobre una colchoneta boca arriba. Cierras los ojos y relajas tu cuerpo.

Haz varias respiraciones profundas, llenando bien los pulmones y vaciando bien el aire, sin forzar. Visualiza cómo al inspirar te llenas de energía vital y cómo al expulsar el aire sueltas todos tus problemas y negatividad.

Vas a establecer un ritmo respiratorio y para eso te vas a valer de los latidos de tu corazón. Cuentas, por ejemplo, 6 latidos de corazón para inspirar y 6 latidos para expirar. El número de latidos lo debes adecuar a tus posibilidades, lo importante es que cuentes el mismo número de latidos para inspirar que para expirar. Que sea cómodo.

Después, deja que la respiración se vuelva natural y focaliza tu entera atención en ella. Solo la observas de manera imparcial. No haces nada, salvo observar.

Deja que la respiración se vuelva natural y focaliza tu entera atención en ella. Solo la observas de manera imparcial. No haces nada, salvo observar.

Observa cómo entra el aire, cómo sube el diafragma, cómo sale el aire, cómo se vacían los pulmones.

No pienses en nada, no reflexiones en nada, no recuerdas imágenes del pasado. Solo observas focalizando tu atención en la respiración.

De esta forma estas en el presente, en tu respiración. No obstante, tu mente intentará llevarte a otros lugares. Intentará que pienses en cosas. Cada vez que esto suceda y te des cuenta de que tu atención ha sido cautivada por un pensamiento, vuelve a comenzar el proceso de observar muy atentamente tu respiración.

Debes tener en cuenta que no eres tu mente, ni tus pensamientos o emociones, por lo que si no te identificas con ellos aparecerá quien realmente eres. Pero esto es algo que deberás aprender y experimentar por ti mismo con la práctica.

7º DÍA

En este séptimo día vas a volver a realizar la meditación guiada de los dos primeros días, pero vas a incorporar el ejercicio respiratorio que realizaste ayer durante el periodo de silencio.

Solo tienes que dejarte llevar durante aproximadamente unos 30 minutos.

MEDITACIÓN GUIADA   https://youtu.be/KoM76gFbhMs

SEGUNDA SEMANA

Ya has terminado la primera semana del programa para aprender a meditar. ¡Enhorabuena! Continúa así y seguro que llegarás a ser un experto meditador

8º DÍA

En este primer día de la segunda semana vamos a hacer algunas variaciones que te permitirán ir adentrándote en un estado de consciencia meditativo. Te propongo el siguiente ejercicio.

EJERCICIO 3. MEDITACIÓN

TIEMPO: 8 minutos.

Te relajas como ya va siendo lo habitual en cada sesión de meditación. Irás comprobando que cada vez la relajación corporal la vas realizando de una manera más rápida. Con el tiempo llegarás a relajarte en cuestión de segundos. No es necesario que hagas todo el proceso de relajación que has realizado en las meditaciones guiadas.

Haces las respiraciones amplias y suaves que has realizado la semana anterior, llenando bien los pulmones y vaciando bien el aire, sin forzar. Visualizas que al inspirar te llenas de vitalidad y que al espirar expulsas toda negatividad. Hasta ahora todo es igual que la semana pasada.

A partir de aquí viene lo nuevo. Poco a poco, vas dejando que la respiración se vuelva natural, involuntaria, no haces esfuerzo por dirigir conscientemente la respiración, solamente la observas. La observas con toda tu atención y de manera imparcial.

Esta vez, no haces otra cosa que observar. No cuentas latidos del corazón, no piensas en nada, ni reflexionas en nada, no recuerdas cosas del pasado, no imaginas nada... Toda tu atención está dirigida a observar muy atentamente la respiración. Observas cómo penetra el aire, cómo se mueve el diafragma, cómo sale el aire... Solo te interesa tu respiración. Es lo más importante en este momento para ti. Nada más importa. Estás viviendo el presente, sintiendo y disfrutando del aquí y del ahora.

La mente tratará de revelarse y empezará a pensar en otras cosas, tratará de sacarte del presente y llevarte a su terreno. Intentará cautivar tu atención con pensamientos e ideas. ¿Qué debes hacer cuando esto sucede? Muy sencillo, simplemente te das cuenta de que estas siendo distraído de tu tarea y vuelves a prestar toda tu atención en la respiración. No te preocupes si esto te sucede muchas veces. Es normal. Estás domesticando a un caballo salvaje que está acostumbrado a hacer lo que quiere. Pero si lo domesticas minimamente, los beneficios serán inmensos para ti y tu calidad de vida. ¡Ánimo!

9º DÍA

El mismo ejercicio durante 9 minutos.

EJERCICIO 3. MEDITACIÓN

TIEMPO: 9 minutos.

Te relajas como ya va siendo lo habitual en cada sesión de meditación. Irás comprobando que cada vez la relajación corporal la vas realizando de una manera más rápida. Con el tiempo llegarás a relajarte en cuestión de segundos. No es necesario que hagas todo el proceso de relajación que has realizado en las meditaciones guiadas.

Haces las respiraciones amplias y suaves que has realizado la semana anterior, llenando bien los pulmones y vaciando bien el aire, sin forzar. Visualizas que al inspirar te llenas de vitalidad y que al espirar expulsas toda negatividad. Hasta ahora todo es igual que la semana pasada.

A partir de aquí viene lo nuevo. Poco a poco, vas dejando que la respiración se vuelva natural, involuntaria, no haces esfuerzo por dirigir conscientemente la respiración, solamente la observas. La observas con toda tu atención y de manera imparcial.

Esta vez, no haces otra cosa que observar. No cuentas latidos del corazón, no piensas en nada, ni reflexionas en nada, no recuerdas cosas del pasado, no imaginas nada... Toda tu atención está dirigida a observar muy atentamente la respiración. Observas cómo penetra el aire, cómo se mueve el diafragma, cómo sale el aire... Solo te interesa tu respiración. Es lo más importante en este momento para ti. Nada más importa. Estás viviendo el presente, sintiendo y disfrutando del aquí y del ahora.

La mente tratará de revelarse y empezará a pensar en otras cosas, tratará de sacarte del presente y llevarte a su terreno. Intentará cautivar tu atención con pensamientos e ideas. ¿Qué debes hacer cuando esto sucede? Muy sencillo, simplemente te das cuenta de que estás siendo distraído de tu tarea y vuelves a prestar toda tu atención en la respiración. No te preocupes si esto te sucede muchas veces. Es normal. Estás domesticando a un caballo salvaje que está acostumbrado a hacer lo que quiere. Pero si lo domesticas mínimamente, los beneficios serán inmensos para ti y tu calidad de vida. ¡Ánimo!

10º DÍA

El mismo ejercicio durante 10 min

EJERCICIO 3. MEDITACIÓN

TIEMPO: 10 minutos.

Te relajas como ya va siendo lo habitual en cada sesión de meditación. Irás comprobando que cada vez la relajación corporal la vas realizando de una manera más rápida. Con el tiempo llegarás a relajarte en cuestión de segundos. No es necesario que hagas todo el proceso de relajación que has realizado en las meditaciones guiadas.

Haces las respiraciones amplias y suaves que has realizado la semana anterior, llenando bien los pulmones y vaciando bien el aire, sin forzar. Visualizas que al inspirar te llenas de vitalidad y que al espirar expulsas toda negatividad. Hasta ahora todo es igual que la semana pasada.

A partir de aquí viene lo nuevo. Poco a poco, vas dejando que la respiración se vuelva natural, involuntaria, no haces esfuerzo por dirigir conscientemente la respiración, solamente la observas. La observas con toda tu atención y de manera imparcial.

Esta vez, no haces otra cosa que observar. No cuentas latidos del corazón, no piensas en nada, ni reflexionas en nada, no recuerdas cosas del pasado, no imaginas nada... Toda tu atención está dirigida a observar muy atentamente la respiración. Observas como penetra el aire, como se mueve el diafragma, como sale el aire... Solo te interesa tu respiración. Es lo más importante en este momento para ti. Nada más importa. Estás viviendo el presente, sintiendo y disfrutando del aquí y del ahora.

La mente tratará de revelarse y empezará a pensar en otras cosas, tratará de sacarte del presente y llevarte a su terreno. Intentará cautivar tu atención con pensamientos e ideas. ¿Qué debes hacer cuando esto sucede? Muy sencillo, simplemente te das cuenta de que estás siendo distraído de tu tarea y vuelves a prestar toda tu atención en la respiración. No te preocupes si esto te sucede muchas veces. Es normal. Estás domesticando a un caballo salvaje que está acostumbrado a hacer lo que quiere. Pero si lo domesticas minimamente, los beneficios serán inmensos para ti y tu calidad de vida. ¡Ánimo!

11º DÍA

Has pasado el ecuador del curso. Hoy te voy a dar un descanso y vas a realizar la Meditación guiada. En el momento de silencio de la meditación debes realizar el ejercicio de días anteriores meditando sobre tu respiración.

12º DÍA

El mismo ejercicio durante 12 minutos.

EJERCICIO 3. MEDITACIÓN

TIEMPO: 12 minutos.

Te relajas como ya va siendo lo habitual en cada sesión de meditación. Irás comprobando que cada vez la relajación corporal la vas realizando de una manera más rápida. Con el tiempo llegarás a relajarte en cuestión de segundos. No es necesario que hagas todo el proceso de relajación que has realizado en las meditaciones guiadas.

Haces las respiraciones amplias y suaves que has realizado la semana anterior, llenando bien los pulmones y vaciando bien el aire, sin forzar. Visualizas que al inspirar te llenas de vitalidad y que al espirar expulsas toda negatividad. Hasta ahora todo es igual que la semana pasada.

A partir de aquí viene lo nuevo. Poco a poco, vas dejando que la respiración se vuelva natural, involuntaria, no haces esfuerzo por dirigir conscientemente la respiración, solamente la observas. La observas con toda tu atención y de manera imparcial.

Esta vez, no haces otra cosa que observar. No cuentas latidos del corazón, no piensas en nada, ni reflexionas en nada, no recuerdas cosas del pasado, no imaginas nada... Toda tu atención está dirigida a observar muy atentamente la respiración. Observas cómo penetra el aire, cómo se mueve el diafragma, cómo sale el aire... Solo te interesa tu respiración. Es lo más importante en este momento para ti. Nada más importa. Estás viviendo el presente, sintiendo y disfrutando del aquí y del ahora.

La mente tratará de revelarse y empezará a pensar en otras cosas, tratará de sacarte del presente y llevarte a su terreno. Intentará cautivar tu atención con pensamientos e ideas. ¿Qué debes hacer cuando esto sucede? Muy sencillo, simplemente te das cuenta de que estás siendo distraído de tu tarea y vuelves a prestar toda tu atención en la respiración. No te preocupes si esto te sucede muchas veces. Es normal. Estás domesticando a un caballo salvaje que está acostumbrado a hacer lo que quiere. Pero si lo domesticas minimamente, los beneficios serán inmensos para ti y tu calidad de vida. ¡Ánimo!

13º DÍA

El mismo ejercicio durante 13 minutos

EJERCICIO 3. MEDITACIÓN

TIEMPO: 13 minutos.

Te relajas como ya va siendo lo habitual en cada sesión de meditación. Irás comprobando que cada vez la relajación corporal la vas realizando de una manera más rápida. Con el tiempo llegarás a relajarte en cuestión de segundos. No es necesario que hagas todo el proceso de relajación que has realizado en las meditaciones guiadas.

Haces las respiraciones amplias y suaves que has realizado la semana anterior, llenando bien los pulmones y vaciando bien el aire, sin forzar. Visualizas que al inspirar te llenas de vitalidad y que al espirar expulsas toda negatividad. Hasta ahora todo es igual que la semana pasada.

A partir de aquí viene lo nuevo. Poco a poco, vas dejando que la respiración se vuelva natural, involuntaria, no haces esfuerzo por dirigir conscientemente la respiración, solamente la observas. La observas con toda tu atención y de manera imparcial.

Esta vez, no haces otra cosa que observar. No cuentas latidos del corazón, no piensas en nada, ni reflexionas en nada, no recuerdas cosas del pasado, no imaginas nada... Toda tu atención está dirigida a observar muy atentamente la respiración. Observas cómo penetra el aire, cómo se mueve el diafragma, cómo sale el aire... Solo te interesa tu respiración. Es lo más importante en este momento para ti. Nada más importa. Estás viviendo el presente, sintiendo y disfrutando del aquí y del ahora.

La mente tratará de revelarse y empezará a pensar en otras cosas, tratará de sacarte del presente y llevarte a su terreno. Intentará cautivar tu atención con pensamientos e ideas. ¿Qué debes hacer cuando esto sucede? Muy sencillo, simplemente te das cuenta de que estás siendo distraído de tu tarea y vuelves a prestar toda tu atención en la respiración. No te preocupes si esto te sucede muchas veces. Es normal. Estás domesticando a un caballo salvaje que está acostumbrado a hacer lo que quiere. Pero si lo domesticas minimamente, los beneficios serán inmensos para ti y tu calidad de vida. ¡Ánimo!

14º DÍA

El mismo ejercicio durante 14 minutos

EJERCICIO 3. MEDITACIÓN

TIEMPO: 14 minutos.

Te relajas como ya va siendo lo habitual en cada sesión de meditación. Irás comprobando que cada vez la relajación corporal la vas realizando de una manera más rápida. Con el tiempo llegarás a relajarte en cuestión de segundos. No es necesario que hagas todo el proceso de relajación que has realizado en las meditaciones guiadas.

Haces las respiraciones amplias y suaves que has realizado la semana anterior, llenando bien los pulmones y vaciando bien el aire, sin forzar. Visualizas que al inspirar te llenas de vitalidad y que al espirar expulsas toda negatividad. Hasta ahora todo es igual que la semana pasada.

A partir de aquí viene lo nuevo. Poco a poco, vas dejando que la respiración se vuelva natural, involuntaria, no haces esfuerzo por dirigir conscientemente la respiración, solamente la observas. La observas con toda tu atención y de manera imparcial.

Esta vez, no haces otra cosa que observar. No cuentas latidos del corazón, no piensas en nada, ni reflexionas en nada, no recuerdas cosas del pasado, no imaginas nada... Toda tu atención está dirigida a observar muy atentamente la respiración. Observas cómo penetra el aire, cómo se mueve el diafragma, cómo sale el aire... Solo te interesa tu respiración. Es lo más importante en este momento para ti. Nada más importa. Estás viviendo el presente, sintiendo y disfrutando del aquí y del ahora.

La mente tratará de revelarse y empezará a pensar en otras cosas, tratará de sacarte del presente y llevarte a su terreno. Intentará cautivar tu atención con pensamientos e ideas. ¿Qué debes hacer cuando esto sucede? Muy sencillo, simplemente te das cuenta de que estas siendo distraído de tu tarea y vuelves a prestar toda tu atención en la respiración. No te preocupes si esto te sucede muchas veces. Es normal. Estás domesticando a un caballo salvaje que está acostumbrado a hacer lo que quiere. Pero si lo domesticas minimamente, los beneficios serán inmensos para ti y tu calidad de vida. ¡Ánimo!

TERCERA SEMANA

Entras en la tercera semana y ya has pasado las dos terceras partes del curso. Durante esta semana probablemente te asaltarán muchos demonios. Sentirás aburrimiento, tedio, incluso agobio y malestar; desearás que pase el tiempo y que suene la campanilla para terminar. Mantente firme, no desistas.

Estamos trabajando la concentración y eso a la mente no le gusta; a la mente le gusta ser un caballo indomable, le gusta saltar de un pensamiento a otro. Observa atentamente la respiración. Trata de permanecer en tu centro de gravedad y no ser arrastrado por los vaivenes de pensamientos y emociones.

Esta semana vas a trabajar un aspecto nuevo de la práctica de la meditación. Vas a centrar tu atención en el entrecejo, en lo que los budistas denominan "el tercer ojo" o "ojo interior".

El tercer ojo es la puerta a la consciencia plena, mediante la cual se puede percibir el mundo. El tercer ojo ve lo que los ojos físicos no ven. En esencia, la meditación consiste en incrementar el poder de la percepción, la claridad y la agudeza mental. Es algo que no sucede de la noche a la mañana sino a través del trabajo diario.

Los hindúes llaman *maya*, ilusión, a este universo físico. En cuanto al poder de la visión del tercer ojo, se trata de ejercitar este *chakra* (en lo posible todos para ayudarnos a estar con las energías alineadas) para ver la verdad tal cual es, sin que se interponga la mente con sus enredos, expectativas, miedos y demás que dificultan la visión real, la realidad tal cual es.

15º DÍA

Hoy vas a realizar un ejercicio para meditar sobre tu tercer ojo. Lo harás durante 15 minutos.

EJERCICIO 4.- MEDITACIÓN EN EL ENTRECEJO

TIEMPO: 15 minutos

El último ejercicio consiste en enfocar tu atención consciente en el centro del cráneo a la altura del entrecejo. Es muy similar al anterior, pero en vez de observar la respiración, simplemente debes permanecer ahí, siendo plenamente consciente de todo lo que sucede, como si tu consciencia fuese un sol radiante que se expande sin límites. No consiste en dejar la mente en blanco y no pensar en nada, al contrario. Habrá pensamientos, no luches contra ellos, obsérvalos sin perder tu centro de gravedad.

Te vas a encontrar con los mismos problemas que en la semana anterior. La mente seguirá intentando rebelarse. Saltará de un lado a otro como un mono travieso: pensará, juzgará, comparará, se dispersará. Recuerda una vez más: eso es la mente, NO TÚ. Tú eres algo más que tu mente y tus pensamientos, algo más que tus emociones y algo más que tu cuerpo físico.

Mantente en tu centro, en tu esencia, en tu ser, en el entrecejo. Si te arrastra la mente, cuando te des cuenta, vuelve a tu lugar. Así una y otra vez. Al principio puede ser desesperante, pero el tiempo y la práctica de la meditación harán el milagro en tu vida. Créeme.

Desde tu centro escucha y observa como tu cuerpo habla con sus sensaciones; observa como tus emociones hablan y observa como tu mente habla. Pero no te identifiques con ellos. Este es todo el secreto de la meditación.

TÉCNICA DE MEDITACIÓN

Percibe lo que está surgiendo en tu mente (pensamientos, sentimientos, sonidos o emociones) sin juzgar. Solo observa imparcialmente. Permite cualquier sensación sin juicio, resistencia o esfuerzo. Lo esencial de la meditación es darse cuenta de lo que está sucediendo, consciencia lúcida y completa.

16º DÍA

Hoy vas a realizar la meditación guiada y en el periodo de silencio vas a incorporar el ejercicio descrito en la página anterior de meditación en el tercer ojo.

17º DÍA

El mismo ejercicio durante 17 minutos.

EJERCICIO 4.- MEDITACIÓN EN EL ENTRECEJO

TIEMPO: 17 minutos

El último ejercicio consiste en enfocar tu atención consciente en el centro del cráneo a la altura del entrecejo. Es muy similar al anterior, pero en vez de observar la respiración, simplemente debes permanecer ahí, siendo plenamente consciente de todo lo que sucede, como si tu consciencia fuese un sol radiante que se expande sin límites. No consiste en dejar la mente en blanco y no pensar en nada, al contrario. Habrá pensamientos, no luches contra ellos, obsérvalos sin perder tu centro de gravedad.

Te vas a encontrar con los mismos problemas que en la semana anterior. La mente seguirá intentando rebelarse. Saltará de un lado a otro como un mono travieso: pensará, juzgará, comparará, se dispersará. Recuerda una vez más: eso es la mente, NO TÚ. Tú eres algo más que tu mente y tus pensamientos, algo más que tus emociones y algo más que tu cuerpo físico. Mantente en tu centro, en tu esencia, en tu ser, en el entrecejo. Si te arrastra la mente, cuando te des cuenta, vuelve a tu lugar. Así una y otra vez. Al principio puede ser desesperante, pero el tiempo y la práctica de la meditación harán el milagro en tu vida. Créeme.

Desde tu centro escucha y observa como tu cuerpo habla con sus sensaciones; observa como tus emociones hablan y observa como tu mente habla. Pero no te identifiques con ellos. Este es todo el secreto de la meditación.

TÉCNICA DE MEDITACIÓN

Percibe lo que está surgiendo en tu mente (pensamientos, sentimientos, sonidos o emociones) sin juzgar. Solo observa imparcialmente. Permite cualquier sensación sin juicio, resistencia o esfuerzo. Lo esencial de la meditación es darse cuenta de lo que está sucediendo, consciencia lúcida y completa.

18º DÍA

El mismo ejercicio durante 18 minutos.

EJERCICIO 4.- MEDITACIÓN EN EL ENTRECEJO

TIEMPO: 18 minutos

El último ejercicio consiste en enfocar tu atención consciente en el centro del cráneo a la altura del entrecejo. Es muy similar al anterior, pero en vez de observar la respiración, simplemente debes permanecer ahí, siendo plenamente consciente de todo lo que sucede, como si tu consciencia fuese un sol radiante que se expande sin límites. No consiste en dejar la mente en blanco y no pensar en nada, al contrario. Habrá pensamientos, no luches contra ellos, obsérvalos sin perder tu centro de gravedad.

Te vas a encontrar con los mismos problemas que en la semana anterior. La mente seguirá intentando rebelarse. Saltará de un lado a otro como un mono travieso: pensará, juzgará, comparará, se dispersará. Recuerda una vez más: eso es la mente, NO TU, tu eres algo más que tu mente y tus pensamientos, algo más que tus emociones y algo más que tu cuerpo físico. Mantente en tu centro, en tu esencia, en tu ser, en el entrecejo. Si te arrastra la mente, cuando te des cuenta vuelve a tu lugar. Asi una y otra vez. Al principio puede ser desesperante pero el tiempo y la práctica de la meditación harán el milagro en tu vida. Créeme.

Desde tu centro escucha y observa como tu cuerpo habla con sus sensaciones; observa como tus emociones hablan y observa como tu mente habla. Pero no te identifiques con ellos. Este es todo el secreto de la meditación.

TECNICA DE MEDITACIÓN

Percibe lo que está surgiendo en tu mente (pensamientos, sentimientos, sonidos o emociones) sin juzgar. Solo observa imparcialmente. Permite cualquier sensación sin juicio, resistencia o esfuerzo. Lo esencial de la meditación es darse cuenta de lo que está sucediendo, consciencia lúcida y completa.

19º DÍA

El mismo ejercicio durante 19 minutos

EJERCICIO 4.- MEDITACIÓN EN EL ENTRECEJO

TIEMPO: 19 minutos

El último ejercicio consiste en enfocar tu atención consciente en el centro del cráneo a la altura del entrecejo. Es muy similar al anterior, pero en vez de observar la respiración, simplemente debes permanecer ahí, siendo plenamente consciente de todo lo que sucede, como si tu consciencia fuese un sol radiante que se expande sin límites. No consiste en dejar la mente en blanco y no pensar en nada, al contrario. Habrá pensamientos, no luches contra ellos, obsérvalos sin perder tu centro de gravedad.

Te vas a encontrar con los mismos problemas que en la semana anterior. La mente seguirá intentando rebelarse. Saltará de un lado a otro como un mono travieso: pensará, juzgará, comparará, se dispersará. Recuerda una vez más: eso es la mente, NO TÚ. Tú eres algo más que tu mente y tus pensamientos, algo más que tus emociones y algo más que tu cuerpo físico. Mantente en tu centro, en tu esencia, en tu ser, en el entrecejo. Si te arrastra la mente, cuando te des cuenta vuelve a tu lugar. Así una y otra vez. Al principio puede ser desesperante, pero el tiempo y la práctica de la meditación harán el milagro en tu vida. Créeme.

Desde tu centro escucha y observa como tu cuerpo habla con sus sensaciones; observa como tus emociones hablan y observa como tu mente habla. Pero no te identifiques con ellos. Este es todo el secreto de la meditación.

TÉCNICA DE MEDITACIÓN

Percibe lo que está surgiendo en tu mente (pensamientos, sentimientos, sonidos o emociones) sin juzgar. Solo observa imparcialmente. Permite cualquier sensación sin juicio, resistencia o esfuerzo. Lo esencial de la meditación es darse cuenta de lo que está sucediendo, consciencia lúcida y completa.

20º DÍA

El mismo ejercicio durante 20 minutos.

EJERCICIO 4.- MEDITACIÓN EN EL ENTRECEJO

TIEMPO: 20 minutos

El último ejercicio consiste en enfocar tu atención consciente en el centro del cráneo a la altura del entrecejo. Es muy similar al anterior, pero en vez de observar la respiración, simplemente debes permanecer ahí, siendo plenamente consciente de todo lo que sucede, como si tu consciencia fuese un sol radiante que se expande sin límites. No consiste en dejar la mente en blanco y no pensar en nada, al contrario. Habrá pensamientos, no luches contra ellos, obsérvalos sin perder tu centro de gravedad.

Te vas a encontrar con los mismos problemas que en la semana anterior. La mente seguirá intentando rebelarse. Saltará de un lado a otro como un mono travieso: pensará, juzgará, comparará, se dispersará. Recuerda una vez más: eso es la mente, NO TÚ. Tú eres algo más que tu mente y tus pensamientos, algo más que tus emociones y algo más que tu cuerpo físico. Mantente en tu centro, en tu esencia, en tu ser, en el entrecejo. Si te arrastra la mente, cuando te des cuenta vuelve a tu lugar. Así una y otra vez. Al principio puede ser desesperante, pero el tiempo y la práctica de la meditación harán el milagro en tu vida. Créeme.

Desde tu centro escucha y observa como tu cuerpo habla con sus sensaciones; observa como tus emociones hablan y observa como tu mente habla. Pero no te identifiques con ellos. Este es todo el secreto de la meditación.

TÉCNICA DE MEDITACIÓN

Percibe lo que está surgiendo en tu mente (pensamientos, sentimientos, sonidos o emociones) sin juzgar. Solo observa imparcialmente. Permite cualquier sensación sin juicio, resistencia o esfuerzo. Lo esencial de la meditación es darse cuenta de lo que está sucediendo, consciencia lúcida y completa.

21º DÍA

¡Enhorabuena! Has llegado al día 21 del programa. Hoy vas a realizar el mismo ejercicio durante 21 minutos.

EJERCICIO 4.- MEDITACIÓN EN EL ENTRECEJO

TIEMPO: 21 minutos

El último ejercicio consiste en enfocar tu atención consciente en el centro del cráneo a la altura del entrecejo. Es muy similar al anterior, pero en vez de observar la respiración, simplemente debes permanecer ahí, siendo plenamente consciente de todo lo que sucede, como si tu consciencia fuese un sol radiante que se expande sin límites. No consiste en dejar la mente en blanco y no pensar en nada, al contrario. Habrá pensamientos, no luches contra ellos, obsérvalos sin perder tu centro de gravedad.

Te vas a encontrar con los mismos problemas que en la semana anterior. La mente seguirá intentando rebelarse. Saltará de un lado a otro como un mono travieso: pensará, juzgará, comparará, se dispersará. Recuerda una vez más: eso es la mente, NO TÚ. Tú eres algo más que tu mente y tus pensamientos, algo más que tus emociones y algo más que tu cuerpo físico. Mantente en tu centro, en tu esencia, en tu ser, en el entrecejo. Si te arrastra la mente, cuando te des cuenta vuelve a tu lugar. Así una y otra vez. Al principio puede ser desesperante, pero el tiempo y la práctica de la meditación harán el milagro en tu vida. Créeme.

Desde tu centro escucha y observa como tu cuerpo habla con sus sensaciones; observa como tus emociones hablan y observa como tu mente habla. Pero no te identifiques con ellos. Este es todo el secreto de la meditación.

TÉCNICA DE MEDITACIÓN

Percibe lo que está surgiendo en tu mente (pensamientos, sentimientos, sonidos o emociones) sin juzgar. Solo observa imparcialmente. Permite cualquier sensación sin juicio, resistencia o esfuerzo. Lo esencial de la meditación es darse cuenta de lo que está sucediendo, consciencia lúcida y completa.

DESPUÉS DEL DÍA 21

¡Enhorabuena! Si has cumplido todo el programa, el trabajo ha merecido la pena. Puedes estar muy satisfecho del trabajo realizado. No te preocupes si tienes dudas de haberlo realizado bien o mal. Lo importante es haber llegado hasta aquí, haber cumplido el programa de 21 días paso a paso.

Has creado el ritmo, el hábito de meditar, lo cual es un gran logro que debe impulsarte en tu nueva etapa, la que viene después de haber pasado estos 21 días de aprendizaje.

Ahora debes mantener lo que has conseguido. Con el conocimiento básico que has aprendido puedes meditar durante toda la vida, con resultados maravillosos. La meditación, como todas las grandes verdades, no consiste en complicadas y sofisticadas técnicas, sino en alcanzar estados meditativos. Lo que has aprendido es solo un instrumento, muy válido, para alcanzar esos estados de consciencia. Si practicas con habitualidad podrás lograr estados meditativos con facilidad.

No pienses en los 21 minutos como un dogma de fe. Si se te quedan cortos puedes extenderlos o hacer dos sesiones de meditación al día (por la mañana y por la noche, por ejemplo). Si practicas con habitualidad podrás lograr estados meditativos con facilidad o plantearte ahondar más en su estudio, ya sea conmigo o con otros instructores.

Puedes aprender a sentarte con las piernas cruzadas en las posiciones orientales del loto o del diamante.

También puedes realizar un curso para aprender en detalle la ciencia de la respiración yóguica o Pranayama.

Si la experiencia te ha gustado, verás que solo es el principio de un largo camino con infinitas posibilidades.

En cuanto a la rutina de meditación que has utilizado en este curso, deberás ir adaptándola a ti mismo; con el tiempo verás que el despertador no es necesario, aunque puedes mantenerlo.

Pasarás por momentos en los que tendrás ganas de meditar y lo harás con facilidad y otros en los que te costará muchísimo. La vida se irá escribiendo con sus curvas.

Si alguna vez abandonas la meditación, siempre podrás volver a hacer el programa de 21 días. No dudes que será efectivo para recomenzar.

ACERCA DEL AUTOR

Jesús Cediel, investigador independiente con más de 40 años de experiencia.

"El objetivo esencial de mi trabajo es facilitar el camino hacia un estado de consciencia que los místicos han denominado de diversas formas como iluminación, samadhi o moksha y que permite vivir con plenitud y goce la existencia, en el aquí (espacio) y en el ahora (el tiempo)."

www.ingramcontent.com/pod-product-compliance
Lightning Source LLC
Chambersburg PA
CBHW070621050426
42450CB00011B/3100